www.tredition.de

AF216811

Roland Greis

Was Kinder brauchen

30 Gedichte für Eltern

www.tredition.de

Verlag und Druck:
tredition GmbH, Halenreie 40-44, 22359 Hamburg

ISBN
Paperback: 978-3-347-24128-2
Hardcover: 978-3-347-24129-9
e-Book: 978-3-347-24130-5

Erziehung streut keine Samen

in die Kinder hinein,

sondern lässt den Samen aufgehen,

der in ihnen liegt.

(Khalil Gibran)

Vorwort

Dieses Buch soll Eltern helfen sich zu erinnern. Was bedeutet es ein Kind zu sein? Was braucht mein Kind?

Was habe ich mir in meiner eigenen Kindheit am tiefsten gewünscht?

Diese Fragen geraten im Alltagsstress oft in Vergessenheit. Man ist so beschäftigt mit den Aufgaben des Tages, dass man manchmal den Blick für das wirklich Wichtige verliert.

Als wir Eltern wurden, wollten wir es gut machen. Und trotzdem verhalten wir uns oft so unseren Kindern gegenüber, wie wir es gar nicht wollen. Vor allem, wenn wir uns überfordert fühlen, reagieren wir nach Handlungsmustern, die wir in der eigenen Kindheit erfahren haben, die aber wenig geeignet sind.

In solchen Situationen kann es helfen, sich bewusst in die Lage des Kindes zu versetzen. Viele unserer Reaktionen können wir dann leichter als unangemessen und falsch erkennen.

Deshalb sind die meisten der folgenden Texte aus der Sicht des Kindes verfasst. Natürlich spiegeln sie nicht die Einsichten eines Kindes, wohl aber versuchen sie seine wahren Bedürfnisse zu beschreiben.

Geholfen hat mir dabei, mich an meine Kindheit zu erinnern, vor allem aber das Nachdenken über mein eigenes Verhalten als Vater und Lehrer.

Wann entstehen Nähe und Verständnis zwischen Eltern und Kindern? Unter welchen Bedingungen wird gemeinsames Wachstum möglich? Was muss ich tun, wie muss ich mich verhalten, damit mein Kind in seinem Forscherdrang, in seiner Lernmotivation nicht behindert oder blockiert wird?

Ich habe die Form von Gedichten gewählt, weil sie eine besonders knappe und einprägsame Form der Darstellung ermöglichen. Wie oft wir unsere Vorsätze in die Tat umsetzen können, hängt auch davon ab, wie leicht und schnell wir uns an sie erinnern.

Deshalb behandeln die Gedichte Kernfragen im Verhältnis zwischen Eltern und Kindern.

Hilfreich könnte es sein, wenn Sie sich Schwerpunkte setzen und sich die Zeit nehmen, über das, was Ihnen besonders wichtig erscheint, nachzudenken, bevor Sie es schrittweise in die Tat umsetzen.

Ich wünsche Ihnen dabei viel Erfolg und gemeinsame Freude.

Roland Greis

1

Am Tag Deiner Erschaffung
haben sich tausend Willen verbündet,
das Wissen des Universums,
um ein Wesen entstehen zu lassen,
das alle Möglichkeiten der Welt
in sich trägt.
Ein Geschöpf,
begabt mit dem Wunsch und der Kraft
sich selbst zu erschaffen.

Jetzt, wo Du geboren bist,
ist alles, was getan werden kann,
Dir den Raum zu geben,
den Deine Entfaltung erfordert,
dabei zu sein
und Dich zu begleiten,
mit Liebe,
Verständnis
und Achtsamkeit.

2

Weil Du einzigartig bist,
kann ich über Dich
in Büchern wenig erfahren.

Weil Du Du bist,
Weiß ich so gut wie nichts
über Dich.

Aber wenn ich Dir nahe sein will,
kann ich von Dir
jeden Tag lernen.

3

Bevor Du zur Welt kamst,
dachte ich
über Kinder etwas zu wissen.

Jetzt, wo ich Dich
Eine Zeit lang begleitet habe,
weiß ich,
dass ich nicht einmal über mich
das Wichtigste wusste.

4

Du hast mich gelehrt
die Bäume wieder zu sehen,
das Gras
und das Blühen der Blumen.

Mit Deinen Ohren
habe ich dem Atem des Windes gelauscht,
dem Zirpen der Grillen
und dem Rauschen des Baches.

Mit Deinen Händen
habe ich die Welt neu entdeckt
und gefunden,
was mir so lange verloren war.

5

Wenn ich Deine Forderung
nach Aufmerksamkeit
als Belastung sehe,
werden wir uns beide
bald
eine Last sein.

Wenn ich mich von Dir
herausfordern lasse,
das Gefängnis meiner Bedürfnisse
zu verlassen,
um Dir zu begegnen,
können wir beide lernen,
wie schön es ist
über sich selbst
hinauszuwachsen.

6

Es ist manchmal schwer
auf Dich einzugehen,
wenn die Augen vor Müdigkeit brennen,
wenn die Arbeit
mich von allen Seiten umstellt,
wenn ich schon lange
nichts mehr für mich tun konnte.

Manchmal dann
hilft es zu denken,
dass jedes Opfer,
das wir dem wirklichen Leben bringen,
auch ein Geschenk
an uns selber ist.

Aber das können wir oft
erst später verstehen.

7

Gib mir das Gefühl
willkommen zu sein!
Denn sonst
werde ich
Dir lästig sein,
bis Du begriffen hast,
was ich brauche.

Wenn Du willst,
dass ich begreife,
was Liebe ist,
bestrafe mich niemals
mit Liebesentzug.

8

Vertrau mir,
wenn Du willst,
dass ich über mich hinauswachse:
Denn alle meine Kräfte,
Fähigkeiten
und Möglichkeiten
sind nichts
ohne den Glauben daran.
Er erst bringt zum Vorschein,
was noch keiner erkennt.

9

Vertrauen
ist die Quelle des Wachstums,
aus der der Strom
des Selbstvertrauens entspringt.

Zeig mir die Quelle
und ich werde sein wie der Strom,
den niemand
mehr eindämmen kann.

10

Lass mich Dir ganz vertrauen,
sei einfach da für mich.
Ich brauch Dich um zu bauen,
auf Dich und dann auf mich.

Ich brauche Deine Liebe
um selber lieb zu sein.
Was ohne sie mir bliebe,
ist so verzweifelt klein.

Mit ihr kann ich das werden,
was in mir werden mag.
Lass uns die Zeit auf Erden
doch nutzen jeden Tag.

11

Lass die Dinge mein Lehrmeister sein.
Denn nur so kann ich erfahren, warum.
Warum ich etwas so machen muss
und nicht anders.
Warum ich manchmal geduldig sein muss.
Wo Vorsicht angebracht ist und wo nicht.
Wie ich etwas anfassen muss,
damit es heil bleibt.
Und wie lange etwas braucht
um zu werden.
Wo ich planen und wo ich schnell
handeln muss.
Nur so kann ich lernen die Dinge zu achten.

Denn die Dinge sprechen für sich.
Und wenn Du mich hinderst
auf sie zu hören,
wenn Du mir sagst,
was zu tun ist und wie,
wenn Du mich ermahnst
und jeden meiner Schritte dirigierst,
werde ich taub werden
und nicht lernen ohne Krücken zu gehen
und mich auflehnen gegen die Macht,
die Du über mich auszuüben versuchst
Lass die Dinge mein Lehrmeister sein.

Lass mich lernen alleine zu gehen,
allein zu entscheiden,
allein zu begreifen
und allein zu verstehen.

Nur so kann Freude in mir wachsen,
Liebe zum Tun,
Hingabe
und der Stolz dessen,
der sich seiner zunehmenden Kräfte
bewusst wird.

Es ist gut
Dich in der Nähe zu wissen,
Deine Anteilnahme zu fühlen,
zu Dir zu kommen und Dir zeigen zu dürfen,
was ich gemacht habe.
Dein Lächeln zu sehen,
Deine Blicke zu spüren
und Deine Umarmung.

All das brauche ich dann und wann,
nicht aber Deine führende Hand,
die mich nicht loslassen will.

Lass die Dinge mein Lehrmeister sein,
denn nur so kann ich lernen
mit meinen eigenen Augen zu sehen.

12

Habt ihr geglaubt,
mich erziehen zu können
unter Verwendung einiger billiger Rezepte,
mich kneten zu können
wie einen Teig,
der schon aufgehen wird,
wenn er in die gewünschte Form
gebracht und mit der richtigen Temperatur
gebacken wird?

Und jetzt steht ihr verwirrt
vor meinem Widerstand
und wollt nicht begreifen,
dass das, was ihr mir antut
eure eigene Kindheit ist,
die ihr jetzt,
im Vollbesitz eurer Überzeugung
an mir exekutiert.

Habt ihr mich dafür geboren,
dass ich euer Ebenbild werde
und eure Leiden und Schmerzen
im Kreislauf der Zeugung
erneut durchmachen muss?
Oder war es der Wunsch

etwas besser zu machen,
der euch Eltern werden ließ?
Der Gedanke und Wunsch
in der Begegnung mit mir
zu erleben,
dass Kindheit Wachstum und Freude,
Bemühung und Durchbruch,
Belastung und Kräftigung,
Ernsthaftigkeit und das widerhallende
Lachen des Siegers sein kann,
der keine Verlierer mehr kennt.

13

Je mehr Du mir verbietest
umso mehr machst Du die Welt
zu einem Ort der Ängste für mich.

Lass mich das Unbekannte erkunden,
das Neue entdecken
und mich mit Fremdem
anfreunden.
Lass mich nicht glauben,
dass alles,
was mir nicht vertraut ist,
Gefahren birgt,
sonst werde ich blind werden
für das, was ich zu kennen glaube
und taub für den Klang ferner Musik.
Ich werde mich abschließen
von dem,
was mich erweitern kann
und die Wege
meiner eigenen Entwicklung
verbarrikadieren.

Jeder Weg ins Unbekannte,
den Du mich gehen lässt,
lässt mich ein Stück
weltoffener sein.

14

Immer wenn Du mir
etwas verbietest
ohne mich wissen zu lassen,
warum,
wird mein Glaube
in den Sinn Deiner Verbote
etwas schwächer,
bis ich beginnen werde
das zu tun,
was Du mir verboten hast,
um zu erfahren,
warum.

15

Wie soll ich lernen
auf Andere Rücksicht zu nehmen,
wenn niemand auf mich Rücksicht nimmt?

Wie soll ich lernen
den Willen anderer Menschen zu achten,
wenn mein Wille nichts gilt?

16

Wenn Du willst,
dass ich hilfsbereit bin,
hilf mir,
wenn ich Dich brauche.
Wenn Du mich verlässlich wünschst,
so halte Deine Versprechen.
Willst Du,
dass ich liebevoll bin,
dann denke daran,
dass das Bedürfnis zu lieben
die Erfahrung geliebt zu werden
voraussetzt.
Alles, was Du von mir erwartest,
erwarte zunächst von Dir selbst
und lebe es
vorbehaltlos,
denn nur so wird Dein Verhalten
bei mir die Sehnsucht entzünden
zurückzuschenken.

17

Ist Deine Konsequenz
wirklich ein Zeichen des Wissens
über das, was in dieser Situation
erforderlich ist,
Hilfe und Gegengewicht,
das, was geschehen muss,
um zu verhindern,
dass mein lotender Wille
unwiderruflich strandet?

Oder ist sie
Antwort der Hilflosigkeit dessen,
dem keine
angemessene Reaktion einfällt?

Bist Du nur konsequent,
weil Dein Leben Dich
starr gemacht hat,
weil Du unfähig bist,
die Situation
mit anderen Augen zu sehen,
weil Du nicht bereit bist
die Konsequenzen

Deiner Konsequenz zu durchdenken?

Was wäre, wenn
Du Dich einlassen könntest,
die Herausforderung
spielerisch annehmen,
ohne den Blick für das zu verlieren,
was auf dem Spiel steht?

Was wäre,
wenn Du mit Deiner Reaktion
warten könntest,
wenn Du genauer hinschautest,
statt zu urteilen,
mechanisch zu antworten
und den Machtkampf
in Gang zu setzen?

Was, wenn Du mich fragtest,
um herauszufinden
welcher Wunsch
meiner Herausforderung
zugrunde liegt?

Stell Dir vor,
ich wollte nur wissen,
wer Du bist.

Stell Dir vor,
ich möchte von Dir erfahren,
wie Du auf Herausforderungen reagierst.

Stell Dir vor ich erwarte von Dir
das Unerwartete.

18

Fühlst Du wirklich mit mir
weil Du meine Gefühle verstehst
oder sind es Deine eigenen,
die Du glaubst
in mir wiederzufinden,
die Du auf mich wirfst
wie eine Decke,
die Dich blind macht für das,
was ich bin?

Lass mich los!
Ich bin nicht das Insekt
im Netz Deiner Gefühle und Erwartungen.
Ich will nicht
von Dir eingezwängt werden
in den Kokon
Deiner Bedürfnisse
nach Verwirklichung.
Ich will nicht,
dass mein Lebenssaft
missbraucht wird,
um Dir das Gefühl der Fülle zu geben.

19

Erst wenn Du mir
begegnen kannst
auf dem schmalen Pfade
der Verletzlichkeit
und begreifst,
wie leicht wir
abstürzen können,
erst wenn Du mich achtest
als das, was ich bin,
werden wir
gemeinsam
in die Tiefen
der Einheit tauchen können
und uns nahe sein.

20

Wenn Du aus dem Bauch heraus
reagieren willst,
vergewissere Dich zunächst,
dass in Deinem Bauch
keine Wut,
sondern Zärtlichkeit ist.

21

Wenn Deine Aufmerksamkeit
Tag für Tag
Deinem Handy gilt,
von dem Du nicht lassen kannst
und Du mir
das Gefühl gibst
überflüssig zu sein,
dann wundere Dich nicht,
wenn ich mit allen Mitteln
versuche
Deine Beachtung und Anteilnahme
zu gewinnen.

Oder aber
ich lerne von Dir,
dass digitale Unterhaltung
dem realen Leben
vorzuziehen ist
und dass tote Dinge
wichtiger sind
als Menschen.

22

Immer dann,
wenn ich Dich provoziere,
möchte ich erfahren,
dass ein Mensch
mehr ist
als ein Automat.

23

Beschenke mich nicht gedankenlos!
Frage Dich zunächst,
warum Du es tust!

Geschieht es
aus Verständnis,
Interesse an meiner Entwicklung
oder aus schlechtem Gewissen?
Tust Du es wirklich für mich
oder für Dich,
um ein Schuldgefühl loszuwerden?

Bevor Du mir etwas schenkst,
frage Dich
nach seiner Wirkung!

Wird es mir helfen
neue Seiten an mir zu entdecken,
mich fordern
aktiv zu sein,
meinen Forschergeist wecken,
meine Lust am Ausprobieren
oder mich zwingen

immer das Gleiche zu tun,
mich passiv
und zum Anhängsel machen?
Macht es mich abhängig
von Dir,
von Ersatzteilen
oder stärkt es
meine Selbständigkeit?

Fordert es meine Schöpferkraft heraus
Oder erschöpft es meine Kraft
Mich selbst zu fordern?

Beschenke mich nicht gedankenlos,
denn Geschenke können
entmündigen,
erniedrigen,
demütigen,
abtöten.

Willst Du mir etwas schenken,
so bedenke,
dass das größte Geschenk
Deine Aufmerksamkeit ist.

24

Du willst, dass ich lerne Ordnung zu halten?
Dann lass mich den Sinn der Ordnung begreifen!
Lass mich Dinge tun, die mir zeigen,
dass Ordnung kein Selbstzweck ist,
sondern mir hilft schneller ans Ziel zu kommen,
weil sie den Ablauf vieler Dinge gefügiger macht,
mir frustrierendes Suchen erspart
und meine Pläne leichter zur Tat werden lässt.
Wenn mir Ordnung nicht als Zwang
zum Gehorsam,
sondern als Werkzeug begegnet,
das mir das Vorwärtskommen erleichtert,
wenn ich erkenne,
dass meine Ordnung auch Anderen gibt,
was sie brauchen
und uns Ärger und Enttäuschungen erspart,
dann wird es mir leicht fallen,
das zu wollen,
wozu mich ein fremder Wille
niemals bewegen wird.
Lass mich aus Einsicht handeln
und ich werde mehr tun
als Du Dir jemals erträumt hast.
Und irgendwann wirst Du dann vielleicht
von mir lernen können,
was wirkliche Ordnung ist.

25

Wie oft hast Du mir das schon gesagt?
Sagst Du mir.
Warum aber sagst Du mir das so oft?
Weil ich schwerhörig bin
oder unfähig Dich zu verstehen?
Um mir zu zeigen,
dass Dir nichts Neues mehr einfällt?
Weil Du mich abstumpfen willst
gegen jedes Deiner Worte?
Oder um mir zu zeigen,
wie wenig Du von mir hältst?

Glaubst Du,
dass ständiges Wiederholen
die Wirkung Deiner Worte verstärkt
und mich schließlich
wider alle Einsicht
gefügig macht?

Wann fängst Du an
Dich zu fragen,
woran es liegt,
dass ich mich einfach nicht
fügen will?

Fang an
mich zu verstehen,
Dich in meine Lage zu versetzen
und frage Dich dann,
bevor Du Dich zu wiederholen beginnst,
warum ich bisher
nicht tun konnte, was Du erwartest!

Vielleicht wirst Du dabei erkennen,
dass wir beide
nichts mehr wollen
als ernst genommen zu werden.

26

Erinnere Dich!
Auch Du hast
Deine Erfahrungen selbst machen müssen,
um wachsen zu können.

Sie sind der Stoff,
aus dem unsere Einsichten
und Fähigkeiten entstehen.

Was Du schon längst weißt,
muss ich erneut er-fahren,
damit es in mir lebendig werden kann.

Wenn Du mich schützen willst,
schütze mich vor wirklichen Gefahren,
aber nicht davor,
Fehler zu machen.

27

Es wird keinen Tag geben,
an dem Du nicht Fehler machst.
Aber wenn Du aus Angst
Fehler zu machen
Dich zurückziehst,
wird das der größte Fehler sein.

Da wir einander brauchen,
brauchen wir das,
was wir als unsere Schwächen erkennen,
nicht zu scheuen.
Denn wie sollen wir wachsen
ohne die schrittweise Überwindung
unserer Schwächen?
Wie könnte ich dies von Dir lernen,
wenn Du schon vollkommen wärst?

Hab keine Angst
vor Deiner Unvollkommenheit!
Solange Du sie Dir
und mir eingestehst,
gibt es nichts,
was uns trennt.

28

Auch Du brauchst regelmäßig
Raum für Dich.
Das zu begreifen
ist für mich so wichtig
wie der Boden,
in dem meine Wurzeln
sich ungestört ausdehnen können.

Wie soll ich lernen,
über mich selbst zu siegen
und Deine Freiheit zu achten,
wenn Du mir
nichts als Verzicht vorlebst
und Deine eigenen Wurzeln
verkümmern lässt?

Lass mich nicht
zur Schlingpflanze werden,
die Dein Streben nach Licht
überwuchert,
denn so kann weder ich
noch Du
glücklich werden.

Zeig mir,
wie wir gemeinsam wachsen können,

ein jeder des anderen Freude
und Beispiel.

29

Wenn Leben wieder
ein Spiel werden könnte,
in dem alles offen ist,
was könnten dann
Menschen werden,
denen die Chance
sich ständig neu zu erfinden
gegeben wird?

30

Wohin gehst Du?
Ich kenne Deinen Weg nicht,
aber ich kann Dir helfen,
ihn aus eigener Kraft zu gehen.
Ich kann mich bemühen,
ihn mit Deinen Augen zu sehen
und Deine Schritte
offenen Herzens zu begleiten.
Ich kann Dir Mut machen
auf Deinem Weg,
wenn ich erkenne,
dass es nicht meiner ist.
Ich kann mich mit Dir
über Deine Fortschritte freuen
und durch Dich
meinen Blick weiter werden lassen.
Und wenn ich erleben darf,
dass Du ein Stück
über mich hinauskommen konntest,
dann werde ich wissen,
dass ich meine Aufgabe erfüllt habe.

An einige Gefühle meiner Kindheit erinnere ich mich besonders intensiv: An den Wunsch dazu zu gehören, die Sehnsucht nach Nähe, Wärme und Geborgenheit und danach, verstanden zu werden.

Und eigentlich hat sich daran wenig geändert. Auch als Erwachsener, so scheint mir, sind dies unsere wichtigsten Bedürfnisse. Ich frage mich, ob sie nicht in fast allem, was wir tun, die entscheidenden Motive sind.

Wenn das so ist, dann müsste es helfen, Kindern diese Gefühle vom ersten Augenblick an zu geben, damit sie ihren Platz finden können.

Wer sich angenommen fühlt, so wie er ist, der wird sich selbst und auch Andere leichter annehmen, der wird früher selbständig und mit Schwierigkeiten leichter fertig. Er wird weniger leicht in Abhängigkeiten geraten, weil er Selbstvertrauen entwickelt und gelernt hat, dass er Gestalter seines Lebens sein kann.

Wir alle müssten aus unserer eigenen Kindheit noch wissen, wie sehr wir Vertrauen und Ermutigung brauchen, um zu wachsen. Und doch setzen wir oft, wenn wir eigene Kinder haben, eher auf Ermahnung, Drohung, Liebesentzug und Entmutigung und wundern uns, wenn sie sich verweigern.

Wir muten unseren Kindern ein Schulsystem zu, das in erster Linie fehlerorientiert ist und wenig Vertrauen in die Potenziale der Schüler setzt. Statt ihnen zunehmend Selbständigkeit zu gewähren, sie mit entscheiden zu lassen, ihnen Verantwortung zu übergeben für das, was sie betrifft und was sie bereits überblicken, entmündigen wir unsere Kinder bis sie die Schule verlassen. Und dann erwarten wir, dass sie ihr Leben selbständig in die Hand nehmen, nachdem sie bis zu 19 Jahre am Gängelband gehalten wurden.

Aus der Verhaltensforschung wissen wir, dass man gefangen gehaltene Tiere nicht frei lassen kann, bevor man sie schrittweise daran gewöhnt hat, für sich selbst zu sorgen.

Unsere Kinder aber stopfen wir bis zum letzten Augenblick ihrer Schulzeit so mit theoretischem Wissen voll, dass sie keine Zeit dafür finden, selbstbestimmt zu lernen. Das aber wird anschließend von ihnen erwartet.

Um selbstbestimmt lernen zu können, braucht man Freiräume. An die Stelle von Zwängen müssen Angebote treten. Vor allem aber muss es möglich sein, die eigenen Ideen in die Tat umzusetzen. Denn nichts motiviert so zum Lernen wie die praktische Anwendbarkeit dessen, was man herausgefunden hat.

Lernen ist dann besonders effektiv, wenn es dem Prozess des Forschens folgt. Am Anfang muss eine Frage, eine Herausforderung stehen. Lernen ohne ein Ziel, das Interesse zu wecken vermag, vernichtet den Lernwillen.

Gerade dieser Forschergeist aber ist in jedem Kind von Anfang an lebendig. Wenn es gelingt, ihn zu nähren und wach zu halten, sind Entwicklungen möglich, die unser bisheriges Vorstellungsvermögen übersteigen.

Der Mensch nutzt im Durchschnitt nicht mehr als fünf Prozent seines Potenzials. Wer nur zehn Prozent zu nutzen vermag, gilt bereits als Genie. Das sind Menschen, die trotz der sie umgebenden Widerstände Freiräume für selbstbestimmtes Forschen und Experimentieren gefunden haben.

Was könnte eine Erziehung leisten, die Kindern systematisch diese Möglichkeit bietet?

Alte und neue Erziehungskonzepte

Erziehung im traditionellen Sinne bedeutet, dass von Erwachsenen festgelegt wird, was, wo, wann und wie das Kind zu lernen hat. Dieses wird als Objekt eines Prozesses gesehen, der zu seinem angeblich Besten an ihm vollzogen wird und über den es aufgrund seiner angeblichen Unreife nicht entscheiden kann und darf.

Entmündigung ist das Grundprinzip dieser Bildungspraxis. Ständige Kontrolle, Zwang, Leistungsbewertung, Fehlersuche und Entmutigung sind die entsprechenden Methoden.

Da das Kind als ein noch unvollständiger, im Grunde leerer Mensch gesehen wird, erhält Erziehung die Aufgabe, ihr Objekt mit dem jeweils für nötig erachteten Wissen voll zu stopfen.

Lernen wird hier als etwas betrachtet, das sich im Kopf abspielt und deshalb weitgehend theoretisch vermittelt. Seine Inhalte werden in der Regel nicht überprüft, sondern übernommen, da ihre praktische Anwendung nicht Teil des Lernprozesses ist. Der Lehrer tritt als Besserwisser auf, dem man zu folgen hat.

Diese autoritäre Erziehungsidee ist das Produkt eines hierarchischen Zeitalters und war vorzüglich geeignet, blind gehorchende Untertanen hervorzubringen. Ohne diese Erziehung wäre es nicht möglich gewesen, Menschen als Kriegswerkzeuge zum millionenfachen Massenmord zu missbrauchen.

So ist es nicht verwunderlich, dass aus dieser Erkenntnis in den 60er Jahren des 20. Jahrhunderts ein Gegenmodell entstand, das ebenso extrem war. Es ging davon aus, Kinder seien in jeder Hinsicht zur Selbstbestimmung fähig, daher müsse man sie nur sich selbst überlassen, um selbstbewusste, kompetente und freie Persönlichkeiten zu schaffen.

Relativ schnell wurde allerdings klar, dass Kinder, die ohne Grenzen und Regeln aufwuchsen, sich zu rücksichtslosen, unzufriedenen und unsozialen Egoisten entwickelten.

Wie so oft in der Menschheitsgeschichte hatte sich gezeigt, dass Entweder-Oder-Denken keine brauchbaren Lösungen liefern konnte.

Eine kindgerechte Pädagogik muss dem gegenüber von der Wahrnehmung des Kindes, seiner Potenziale und Entwicklungsbedürfnisse ausgehen. Sie muss die Gesetzmäßigkeiten berücksichtigen, nach denen sich Kinder entwickeln und die Impulse und Motive verstehen, die geistigem und körperlichem Wachstum zu Grunde liegen.

Die Grundlage einer solchen Pädagogik muss die Achtung vor der Persönlichkeit des Kindes sein. Es ist kein Zufall, dass die vielversprechendsten pädagogischen Ansätze einen undogmatisch-religiösen Hintergrund haben.

Wer den Menschen als geistiges Wesen sieht, als ein Geschöpf mit der Fähigkeit und dem Drang nach Vervollkommnung, der wird eher eine Haltung der Demut und Achtsamkeit gegenüber den ihm Anvertrauten entwickeln.

Er wird Erziehung weniger als Ausrichtung und Abrichtung auf gesellschaftlich vorgegebene

Ziele verstehen, sondern als Hilfestellung bei der Entfaltung der im Einzelnen angelegten Kräfte.

Das heißt nicht, dass Erziehung Kinder nicht gesellschaftsfähig machen muss. Vielmehr wird nur eine Pädagogik, die die Entwicklungsbedürfnisse des Kindes berücksichtigt, sie auch zu sozial kompetenten, ausgeglichenen, kreativen und produktiven Wesen werden lassen.

Erziehung hat viel mit Liebe gemeinsam. Kinder entwickeln ihre Liebesfähigkeit erst dadurch, dass ihnen Liebe geschenkt wird. Wer ihren Wachstumsbedingungen und -bedürfnissen nicht gerecht wird, der wird nicht erwarten können, dass bei ihnen später der Wunsch entsteht, der Menschheit etwas zurück zu geben.

Je mehr und je früher man Kindern die Möglichkeit nimmt, ihrem natürlichen Forschungsdrang nachzugehen, je mehr man von ihnen verlangt, Dinge zu tun und zu lernen, die außerhalb ihres Wollenkönnens liegen, desto weniger werden sie als Erwachsene selbständig denken und verantwortlich handeln können.

Wer in der Kindheit nicht bekommt, was er braucht, der wird sich später, wenn von ihm zu geben erwartet wird, eher das zu nehmen versuchen, was ihm vorenthalten wurde. So erzeugt eine nicht kindgerechte Erziehung Egoismus. Sie erschwert die soziale Reifung und damit die Konsensfähigkeit. Diese wird aber dringend benötigt, um gesellschaftliche Probleme einvernehmlich lösen zu können.

Eine Pädagogik, die Kindern Mut und Selbstvertrauen gibt und das Menschenrecht auf Entwicklung ihres Potenzials einlöst, ist daher eine der wichtigsten Voraussetzungen für gesellschaftlichen Fortschritt und zur Herstellung globaler Gerechtigkeit.

Zum Glück gibt es eine solche Pädagogik bereits in viel versprechenden Ansätzen. Maria Montessori war eine der Ersten, die ihre Erziehungsideen aus der Wahrnehmung des Kindes ableitete und nicht von theoretischen Vorstellungen, was Kinder zu lernen haben. Ihre Gedanken wurden weiter entwickelt von Rebeca und Maurice Wild, die in Ecuador ein Kindergarten- und Schulprojekt aufgebaut haben, in dem Kinder weitgehend selbständig ihre Lernschritte bestimmen können. Die außergewöhnlichen Erfolge dieses Projekts haben inzwischen auch in Deutschland Einrichtungen entstehen lassen, die von den genannten Ideen inspiriert sind.

Eine davon ist im äußersten Nordosten behei-
matet, wo die Neustrukturierung nach der Wen-
de vor allem im Bereich der Kindergärten ein Va-
kuum entstehen ließ.

In Wirklichkeit trägt das Kind den Schlüssel zu seinem rätselhaften individuellen Dasein von allem Anfang an in sich. Es verfügt über den inneren Bauplan der Seele und über vorbestimmte Richtlinien für seine Entwicklung.

Das alles aber ist zunächst äußerst zart und empfindlich, und ein unzeitgemäßes Eingreifen des Erwachsenen mit seinem Willen und seinen übertriebenen Vorstellungen von der eigenen Machtvollkommenheit kann jenen Bauplan zerstören oder seine Verwirklichung in falsche Bahnen lenken. (Maria Montessori)

Die harmonische Entfaltung von Kindern ist ein natürlicher und darum langsamer Prozess. Unsere Aufgabe ist es, die rechten Bedingungen dafür zu schaffen, aber nicht, den Prozess zu beschleunigen.

*Bringen wir es als Erwachsene fertig, diese inneren Prozesse nicht durch unsere Ungeduld zu stören, sondern ihnen den nötigen Nährstoff zu liefern, so lernt das Kind auf eigenen Füßen zu stehen und nicht sein Leben lang von äußerer Führung abhängig zu sein. (*Rebeca Wild)

Der Kindergarten „Wilde 9" in Guest bei Greifswald

1994 gründeten einige Eltern den Verein ANISA (arab.: Lebensbaum) mit dem Ziel, Projekte auf der Grundlage einer zeitgemäßen und kindgerechten Pädagogik ins Leben zu rufen. Inspiriert war diese Initiative von den Erziehungsideen Maria Montessoris, des Ehepaars Wild und den Lehren der Bahá'i-Religion.

Diese sieht den Menschen als *„ein Bergwerk, reich an Edelsteinen von unschätzbarem Wert".* Das positive Potenzial jedes Menschen wird hier zum Ausgangspunkt einer Erziehung gemacht, die dem Kind größtmögliche Selbständigkeit bei der Entwicklung seiner Fähigkeiten zugesteht.

Damit wird der inzwischen von der Wissenschaft bestätigten Tatsache Rechnung getragen, dass Kinder bei ihrer Entwicklung einem inneren Bauplan folgen. Lernen findet umso intensiver statt, je mehr Kinder dabei selbst nach Erkenntnis suchen, ihrem angeborenen Forscherdrang folgen können.

Aufgabe der Erzieher ist es, den Kindern eine vorbereitete Umgebung mit vielfältigen Lernangeboten bereit zu stellen und für einen respektvollen Umgang miteinander Sorge zu tragen.

Hierbei kommt dem Vorbild des Erwachsenen, das heißt der Einstellung, die der Erzieher sich selbst und den Kindern gegenüber einnimmt, eine entscheidende Rolle zu.

Liebe und Respekt gegenüber der Schöpfung und allen Menschen, die Anerkennung der Einzigartigkeit jedes Kindes als eines gleichberechtigten Wesens lassen eine Haltung der Achtsamkeit und Offenheit entstehen für das, was uns im Kinde entgegentritt.

Diese Wahrnehmungsfähigkeit und die Bereitschaft, die eigenen Vorstellungen weiter zu entwickeln, sich auf einen ständigen Lernprozess einzulassen, in dem eigene Beobachtungen und wissenschaftliche Erkenntnisse berücksichtigt werden, sind die Grundlage für eine erfolgreiche pädagogische Arbeit.

Kinder fordern uns ständig heraus, konfrontieren uns mit immer neuen, unvorhersehbaren Situationen. Deshalb ist die Flexibilität des Erziehers, seine Bereitschaft zur Selbstreflexion und Selbstkorrektur, unverzichtbar.

Das Menschenbild

Wie wir den Menschen sehen, so verhalten wir uns ihm gegenüber. Unser Menschenbild prägt entscheidend unsere Einstellung und unser Handeln. Es ist leicht verständlich, dass ein positives Menschenbild bessere Früchte hervorbringen wird als ein negatives. Aber um erzieherisch wirksam zu sein, muss es ein realistisches sein.

In den letzten Jahrzehnten haben wissenschaftliche Erkenntnisse unser aus dem vorigen Jahrhundert stammendes materialistisches Menschenbild widerlegt und als unzureichend entlarvt. Dabei sind zunehmend die geistigen Aspekte des Menschseins in den Vordergrund gerückt. Aussagen, wie sie von den Offenbarern der Weltreligionen über das Wesen des Menschen gemacht wurden, werden von immer mehr Wissenschaftlern verschiedenster Fachrichtungen bestätigt.

Wenn wir den Menschen als ein geistiges Wesen erkennen, ein Geschöpf Gottes mit der einzigartigen Fähigkeit selber schöpferisch tätig zu sein und seine eigene Entwicklung zu steuern und zu gestalten, wird es uns leichter fallen, Achtung vor dem Kind zu entwickeln.

Indem wir das ungeheure Potenzial jedes Kindes anerkennen und uns nicht von seinen noch nicht entfalteten Fähigkeiten täuschen lassen, werden wir ihm eher gerecht werden können.

Wissenschaftler gehen davon aus, dass in den ersten fünf Lebensjahren der entscheidende und prägende Teil der Entwicklung von Fähigkeiten stattfindet. Was in diesen Jahren versäumt wird, lässt sich später nur noch bedingt ausgleichen. Die Eltern als erste Erzieher ihres Kindes tragen in diesen Jahren eine große Verantwortung. Die Anregungen, die sie ihrem Kind vermitteln, vor allem aber ihr Vorbild, dass sie durch ihr Handeln geben, bilden gewissermaßen sein geistiges Wachstumsprogramm.

Nach dem Elternhaus ist der Kindergarten der wichtigste Ort, in dem Kinder ihre Fähigkeiten erproben und entwickeln können. Japan trägt dieser Tatsache Rechnung, indem es seine Kindergärtnerinnen wie Universitätsprofessoren qualifiziert und bezahlt. Ihre Arbeit ist im Grunde noch wichtiger, denn nirgendwo wird Zukunft entscheidender gestaltet als in der Einrichtung, die Kinder flächendeckend erfasst.

Die Erkenntnis, dass es keine angeborenen schlechten menschlichen Eigenschaften gibt, hat sich in der Wissenschaft des 20. Jahrhunderts immer mehr durchgesetzt. Problematische Verhaltensweisen sind das Ergebnis von mangelnder Erziehung, von problematischen Erfahrungen und einem Umfeld, das Kindern eine gesunde Entwicklung verwehrt. Ein von Gewalt und psychischem Druck unbelastetes Lernklima ist daher eine unverzichtbare Voraussetzung für die optimale Entfaltung unserer Kinder.

Eine gesunde Entwicklung verlangt, dass Kinder im Denken, Fühlen und Handeln angeregt und ermutigt werden. Ein Wissensdrill, der Kindern die praktische Überprüfung ihrer Vorstellungen verwehrt, erzeugt Unlust und bringt Besserwisser hervor, deren Denken genauso erstarrt ist wie das ihrer Erzieher.

Wie willensstark Kinder sind, erfahren wir spätestens, wenn wir uns auf einen Machtkampf mit ihnen einlassen.

Erkennen wir in dem freien Willen unserer Kinder die Antriebskraft, die ihre Entwicklung voranbringt und die Bedingung für menschlichen Fortschritt ist, wird es uns leichter fallen, diesen Willen zu achten. Gewähren wir Kindern die Freiheit, selbst zu entscheiden überall da, wo es möglich ist, so beschleunigen wir ihre Lernprozesse enorm und helfen ihnen, Selbstvertrauen zu gewinnen. Auch Erwachsene lernen am wirksamsten aus eigener Erfahrung, was Fehler einschließt.

Kinder sollten mit natürlichen Elementen wie Sand, Wasser, Erde und unstrukturiertem Material vielfältigst experimentiert haben, bevor sie mit strukturiertem Material arbeiten. Natürliche Materialien fördern in besonderem Maße die Phantasie und Entdeckerlust, was sich auch in der Ausdauer zeigt, die Kinder beim Umgang mit ihnen an den Tag legen. Demgegenüber ist strukturiertes Material geeignet, isoliert spezielle Erkenntnisse zu gewinnen und Fragen zu vertiefen, die sich aus der Arbeit mit Naturstoffen ergeben.

Bestandteil einer vorbereiteten Umgebung sind auch klare Grenzen und Regeln für Kinder wie für Erwachsene, die einen respektvollen Umgang miteinander ermöglichen. Regeln müssen in ihrer Funktion verständlich sein. Sie sorgen dafür, dass sich keiner auf Kosten Anderer Vorrechte herausnehmen und damit die Rechte Anderer beschneiden kann. So müssen beispielsweise Materialien nach dem Benutzen wieder an den dafür vorgesehenen Ort geräumt werden, bevor eine neue Aktivität begonnen wird.

Die Erwachsenen besitzen natürliche Autorität den Kindern gegenüber. Daher suchen Kinder Schutz, Geborgenheit und Bestätigung bei uns. Sie sind darauf angewiesen, dass wir sie vorbehaltlos annehmen wie sie sind. Durch diese Rolle kommt den Erziehenden eine doppelte Verantwortung zu: Auf der einen Seite den Kindern diese Nähe zu gewähren, auf der anderen Seite sie ihren eigenen Weg gehen zu lassen mit allen Erfahrungen, die dazu gehören.

Die erste Lehre ist das unabhängige Forschen nach Wahrheit; denn blinde Nachahmung des Vergangenen lässt den Geist verkümmern. Sobald aber jede Seite nach der Wahrheit forscht, ist die Gesellschaft befreit vom Dunkel des ständigen Wiederholens der Vergangenheit. (Abdu´l Bahá)

Erfahrungsbericht

Bei meinem Besuch im Kindergarten „Wilde 9" fällt mir als Erstes die Ruhe auf, die im 70qm großen Gruppenraum herrscht. Unterschiedlich hohe, durchbrochen gestaltete Holzbretter bilden als Raumteiler auf- und absteigende Horizonte, hinter denen sich die einzelnen Spielbereiche befinden. Die Kinder sind so in ihre Tätigkeit vertieft, dass sie mich kaum bemerken, als ich mit meiner Kamera näher komme. Einige erwidern freundlich lächelnd meinen schweigenden Gruß. In einer Ecke sind zwei Mädchen damit beschäftigt, in einem Sandkasten eine Landschaft zu formen. Ein dreijähriger Junge saugt vorsichtig mit einer Pipette farbige Flüssigkeit aus Gläsern und füllt sie in Reagenzgläser. Zwei Brüder von vier und drei Jahren schauen gebannt auf eine Kerze in einer Wasserschüssel, die der ältere mit einem Streichholz entzündet. Er bläst das Streichholz sorgfältig aus, legt es in einen Blechdeckel und stülpt ein leeres Glas über die Kerze. Diese erlischt und die farbige Flüssigkeit steigt im Glas hoch. Der Ausgang des Experiments war kürzlich in einem Fernsehquiz nur von einem Drittel der Befragten richtig beantwortet worden.

In der gepolsterten Leseecke sitzt ein Kind und blättert versunken in einem Buch. Nicht weit davon steht ein Mädchen an einem beweglichen Glockenspiel und ordnet es nach Tonhöhe. Ein anderes setzt die Teile eines Magnetspiels zusammen. Ein Mädchen und ein Junge suchen aus einem Kasten mit Holzteilen die zusammen gehörigen Hälften mit Abbildungen von Bäumen, deren Blättern und Früchten. Immer wieder vergleichen sie die gefundenen Teile mit der Vorlage und besprechen sich leise. Ein kurzes zufriedenes Lächeln huscht über ihr Gesicht, als sie erfolgreich sind. Nach einiger Zeit ist ihre selbst gesetzte Aufgabe erfüllt und sie räumen gemeinsam ein und der Junge bringt den Kasten wieder an seinen Platz im Regal. Die Erzieherin sitzt irgendwo im Raum und beobachtet das Geschehen. Wenn ihre Hilfe nicht verlangt wird, greift sie nicht ein. Als ein Kind vergessen hat, einen Teil seines Arbeitsmaterials wegzuräumen und sich etwas Neuem zuwenden will, erinnert sie daran. Mehr ist nicht nötig.

Zwei Kinder, ein siebenjähriger Junge und ein dreijähriges Mädchen fragen mich, ob ich sie in den Bewegungsraum begleiten möchte. Sie brauchen mich dort als Aufsicht. Die Erzieherin ist einverstanden. An der Wand stehen verschiedene Kletterelemente, ein Trampolin, von der Decke hängt eine Strickleiter. Nachdem der Junge mir gezeigt hat, wie er daran hoch klettern kann, machen die Beiden im Kreis ein Wettrennen mit Kinderwagen und Auto. Nach zwei Runden bittet das Mädchen den Jungen die Fahrzeuge zu tauschen. Er ist sofort einverstanden. Sie dankt ihm. Beide setzen mit lauten Kurven- und Bremsgeräuschen die Jagd fort. Bei einem gespielten Auffahrunfall bremst er vor dem Zusammenstoß ab und simuliert das Geräusch mit dem Mund. Sie schenkt ihm ein dankbares Lächeln. Nach einiger Zeit haben sie genug getobt und gehen in den großen Raum zurück.

Nach dem Früstück um 9.30 Uhr werden alle Räume und der Garten zugänglich gemacht. Etwa zwei Drittel der Kinder entscheiden sich in den Garten zu gehen und ziehen Gummistiefel und -hose an. Draußen fangen einige sofort an mit dem Hebel einer Pumpe Wasser zu fördern, das auf verschiedenen Wegen in die darunter liegende Sandlandschaft geleitet werden kann. Zwei Brüder schöpfen aus Schüsseln, die in einem Holzgestell eingelassen sind, Wasser in verschieden breite Gefäße und beobachten das unterschiedliche Ansteigen der Wasserspiegel. Hinter einer Kräuterspirale hocken drei Mädchen und ein Junge am Teich, stochern mit Stöcken in dem schlammigen Untergrund und untersuchen, was sie ans Licht befördert haben. Kein Kind tritt dabei auf die zum Pflanzen vorbereitete Erde dicht am Teichufer.

Als der Erzieher mehrere Leitern aufstellt, sie mit Planken verbindet und unter der höchsten zwei Matrazen auslegt, sind sofort fünf Kinder da, helfen Bretter schleppen, erklettern das Sprungbrett von zwei Seiten und springen abwechselnd oder zu zweit hinunter. Die Kleinste hat im Sprung einen Ausdruck genießerischer Entschlossenheit auf dem Gesicht. Mit unglaublicher Geschwindigkeit erklimmt sie die Leiter, wartet, bis sie an der Reihe ist und springt immer wieder. Ihre Sicherheit und ihr Selbstvertrauen zeigt sie auch später beim Schnitzen mit scharfen Holzwerkzeugen, bei dem die Erzieherin nur die Einhaltung der Vorsichtsmaßnahmen überwacht. Verletzungen, so erzählt sie, sind bisher noch nicht passiert. Da Beginn und Ende jeder Tätigkeit von den Kindern bestimmt wird, arbeiten sie ruhig und mit großer Konzentration.

Während zwei größere Jungen, die noch Schulferien haben, sich Holzspielzeug, darunter eine Armbrust zurecht sägen, schneidet ein Vierjähriger mit einer großen Schneidemaschine Papier in kleine Teile, die er anschließend sorgfältig aufsammelt. Sein jüngerer Bruder füllt inzwischen feinen Sand um, eine Fortsetzung seiner Wasserversuche von vorhin. Ab und zu hält er inne und beobachtet intensiv die Arbeit der Anderen. Die Kleinste schaut erst genau hin, wie die größeren Jungen sägen, holt sich dann selbst eine Feinsäge und eine Laubsäge und fängt an einen Haselstock zu bearbeiten. Später entdeckt sie die Holzabfälle der Großen und bemalt sie mit Gesichtern, ähnlich den Puppen, die ein älteres Mädchen und ein Junge aus Korken basteln. Aus farbigem Moosgummi, Nägeln und leeren Teelichtern entstehen verschiedene Figuren, zum Teil mit Rüstungen. Farbige Wolle auf den Köpfen macht sie als Angehörige verschiedener Völker kenntlich, die später im Garten aus Gras und Steinen gestaltete Inseln besiedeln werden. Allerdings erst, nachdem die verwendeten Werkzeuge und Materialien wieder weggeräumt sind.

Zwischen 9.30 Uhr und 10 Uhr können die Kinder sich außerdem an freiwilligen Angeboten beteiligen. Dazu gehören Ausflüge in die nähere Umgebung, Singen, Tanz, Backen, Kochen, Stilleübungen, Gartenarbeit, Bewegungs- und Wahrnehmungsübungen usw. Möchte ein Kind an einem Angebot, das ihm anfangs zugesagt hat, später doch nicht mehr teilnehmen, so ist seine Entscheidung hinsichtlich dieses Angebots endgültig. Nimmt ein Kind an einem Angebot teil, akzeptiert es die dafür erforderlichen Regeln. Die Angebote sollen ein großes Maß an Eigenaktivität zulassen und die Kinder nicht überfordern.

Das Mittagessen wird im Küchenraum eingenommen, den die Kinder auch zum Kuchenbacken, zur Vorbereitung gemeinsamer Feste und zum Verarbeiten der Ernte aus dem Garten nutzen können.

Die Hexenküche, ein gekachelter und gefliester Raum, wird für Experimente mit ungiftigen Stoffen genutzt.

Im Garten gibt es auch einen Stall mit Meer-
schweinchen, die von den Kindern mit versorgt
werden. Zwei Katzen lassen sich, wenn sie das
Bedürfnis nach Nähe haben, auf den Arm nehmen und streicheln. Ihre Unabhängigkeit macht
sie zu Lehrmeistern im respektvollen Umgang
mit anderen Kreaturen.

Nach dem Mittagessen gibt es Geschichten-
erzählen als Angebot. Wer müde ist, kann sich im
Raum der Stille schlafen legen. Der Nachmittag
steht für freies Spiel und handwerkliche oder
künstlerische Tätigkeiten in den Gruppenräumen
und im Abenteuergarten zur Verfügung. Im
Werkraum liegen dafür vielfältige Materialien für
Holz-, Karton-, Textil- und Tonarbeiten sowie zum
Basteln und Malen bereit.

Was mich am meisten beeindruckt, ist die
Hingabe, mit der die Kinder arbeiten und spielen.
In vier Tagen erlebe ich keine ernsthafte oder gar
aggressive Auseinandersetzung. Unterschiedliche Bedürfnisse oder Spielideen werden entwe-
der durch eine kurze Absprache geklärt oder
selbständig verwirklicht. Die wichtige Regel, dass

niemand von einem Anderen bei einer Tätigkeit gestört werden darf, halten alle ein. Als ich mich aus Versehen auf einen Stuhl setze, den sich ein dreijähriges Mädchen an den Arbeitstisch gerückt hat, macht sie mich selbstbewusst darauf aufmerksam, dass ich auf ihrem Platz sitze. Zweimal tut sich ein Kind beim Spielen weh und wird sofort von einem anderen Kind getröstet. Die Erzieher greifen nur ein, wenn ihre Hilfe gebraucht wird.

Das war natürlich nicht immer so. Vor allem, wenn Kinder neu dazu kamen, gab es durchaus die bekannten und daher für viele normalen Reibereien, auch Versuche Anderen Schmerz zuzufügen. Es dauerte eine Weile, bis sie spüren konnten, dass sich Konflikte besser ohne Gewalt lösen lassen.

Kinder, die bereits verletzende Erfahrungen gemacht hatten, brauchten Zeit, bis sie Vertrauen fassten oder aufhörten, Anderen wehzutun. Dabei war entscheidend, dass sie von den Erziehern konsequent, geduldig und ohne Ablehnung zu erfahren gehindert wurden Gewalt auszuüben.

Aus meiner Tätigkeit als Lehrer war mir zwar schon vorher bewusst, dass ein respektvoller Umgang mit Kindern bessere Resultate hervor bringt als ein geringschätziger. Aber ich hatte es nicht für möglich gehalten, dass der Unterschied so groß sein würde.

Indem die Kinder erlebten, dass die Regeln ihnen nützten und Störungen verhinderten, begannen sie selbst auf ihre Einhaltung zu achten und sich gegenseitig daran zu erinnern. Dabei war es entscheidend, dass sich auch die Erzieher daran hielten. Diese Konsequenz zahlt sich für die Erwachsenen aus. Wenn klar ist, dass Regeln für alle und aus gutem Grund da sind, entfallen die Machtkämpfe, die immer da entstehen, wo Menschen sich in ihren elementaren Rechten beeinträchtigt fühlen, wo es ein unbegründetes Machtgefälle gibt.

In einer Zeit, wo immer mehr Erzieher und Lehrer über zunehmend auffälliges und störendes Verhalten ihrer Schützlinge klagen, ist es, denke ich, dringend erforderlich, über die Entwicklungsbedingungen nachzudenken, die wir unseren Kindern zumuten.

Die genannten Pionierprojekte legen nahe, die Ursachen für Verhaltensstörungen weniger bei den Kindern als in den Umständen zu suchen,

unter denen wir unsere Nachkommen aufwach-
sen lassen.

Was ich in den Tagen meines Aufenthaltes in Guest erlebt habe, lässt mich zuversichtlich in die Zukunft blicken.

Roland Greis studierte Germanistik, Anglistik und Philosophie und arbeitete von 1977 bis 2015 als Gymnasiallehrer, zwischendurch 6 Jahre an einer Waldorfschule. Danach Fortbildung in Montessori-Pädagogik. Ab 2000 bildete er Schüler-Streitschlichter aus. Heute ist er als Autor, Bildhauer und Maler tätig.

Weitere Publikationen bei **tredition**:

Zum Fliegen geboren: Erziehung und selbstbestimmtes Wachstum, 244 Seiten

Flugversuche: 160 Gedichte aus 4 Jahrzehnten, 188 Seiten

Der Mann, der sich Vincent nannte: Eine satirische Doppelbiografie über die Pervertierung des Kunstmarktes durch die Geldeliten, 152 Seiten

Loser oder was? - Gemeinsam gegen Mobbing: Tagebuchbericht eines 15Jährigen, 108 Seiten

Reise ins Land der Monster: Eine Parabel über die Zerstörung des Regenwaldes, 52 Seiten

Der Wunderwald: Ein Kinderbuch mit 40 Aquarellen zur Rettung der Regenwälder, 52 Seiten

Zeitfracht Medien GmbH
Ferdinand-Jühlke-Straße 7
99095 Erfurt, Deutschland
produktsicherheit@kolibri360.de